AF248124

T. SAINT-FÉLIX

LE

GRILLON POLITIQUE

ÉTUDE DE MŒURS PUBLIQUES

Refellere sine pertinaciâ
Et refelli sine iracundiâ.

CICÉRON

DEUXIÈME ÉDITION

PRIX . 50 CENTIMES

PARIS

13, RUE DU FAUBOURG MONTMARTRE, 13

A. LACROIX, VERBOECKHOVEN ET Cᵉ, ÉDITEURS

A Bruxelles, à Leipzig et à Livourne.

1871

EN VENTE CHEZ TOUS LES LIBRAIRES DE FRANCE
et de l'Étranger.

T. SAINT-FÉLIX

LE
GRILLON POLITIQUE

ÉTUDE DE MŒURS PUBLIQUES

Refellere sine pertinaciâ
Et refelli sine iracundiâ

CICÉRON.

PARIS

IMPRIMERIE SCHILLER, 10, FAUBOURG MONTMARTRE

—

1871

LE GRILLON POLITIQUE

ÉTUDE DE MŒURS PUBLIQUES

> *Refellere sine pertinaciâ*
> *Et refelli sine iracundiâ.*
> CICÉRON.

I

Le 24 Août.

La journée avait été accablante. Un splendide soleil d'été avait, pendant douze heures consécutives, incendié la campagne de ses feux les plus ardents. Pas un nuage au ciel, pas un souffle d'air sur la terre.

Engourdie par une chaleur sénégalienne, la nature semblait alors endormie sous l'action dévorante de cette fournaise méridionale. Aucun bruit, aucun murmure ne venaient troubler le silence qui s'étendait partout comme un lourd manteau de plomb. On n'entendait dans la vaste plaine, veuve de toute récolte, ni le bourdonnement d'un insecte, ni le bruissement d'une feuille. La cigale elle-même, cette amie des solitudes embrasées, se taisait dans les guerèts brûlés qui, se déroulant à l'infini, vont se perdre dans un horizon immense dont les chaînes gigantesques des majestueuses Pyrénées, sont les seules limites.

C'était le jeudi 24 août 1871... Triste et fatale date qui marque d'infamie et de sang une des pages de l'histoire de France!...

II

La nouvelle loi départementale et les Conseils généraux.

Le jeudi est jour de marché à Mazères. Ce jour là, la population de cette petite localité se trouve presque doublée par les nombreux habitants des communes voisines qui viennent vendre leurs denrées, les produits de la basse-cour, de la chasse, de la pêche et de leur verger, — et acheter en même temps les provisions et les marchandises diverses qu'ils ne sauraient se procurer dans leurs villages respectifs.

La veille, le courrier de Paris avait porté la nouvelle du vote, par l'Assemblée nationale, de la loi départementale, et l'assurance de la prochaine réunion des colléges électéraux pour la nomination des nouveaux membres des Conseils généraux de la France.

A Mazères, comme sur tous les autres points du territoire, cette loi de tergiversations, de transactions et de réticences, cette loi que l'initiative parlementaire promettait franche, carrée, libérale et en harmonie avec les aspirations légitimes du pays, cette loi diffuse et incomplète qui, cependant, porte le premier coup à la centralisation, hydre à mille têtes qui absorbe toutes les forces vives de la nation, — cette loi si longue et si peu logique fut vivement commentée. Attaquée par les uns, approuvée par les autres, contestée par tous; elle ne contente absolument personne. — Cette loi, si impatiemment attendue, qu'après une laborieuse et pénible gestation l'Assemblée de Versailles a façonnée à son image, manque de virilité, de cohésion et surtout de cet esprit de hardiesse et de franchise qui seul donne la vie, la force, la durée. Elle porte au front sa tache originelle. Et comme la chambre des députés, où se forme parfois une mobile majorité, mais jamais une unité sérieuse, fixe et ferme, cette loi est désunie, hésitante, voulant beaucoup, pouvant peu, n'osant rien.

Dans toutes les villes, dans chaque bourg, même dans les plus humbles hameaux de la France on fait en ce moment de la politique. C'est la maladie du jour. — Après la maladie des pommes de terre et les charançons, on a eu l'oïdium, la peste bovine; il reste le fléau de la politique. — On est citoyen ; donc on doit oublier tous les devoirs, tous les malheurs, tous les désastres de la Patrie, mais on doit avoir une opinion en contradiction avec celle du voisin, une opinion qui, souvent diamétralement opposée aux intérêts généraux du pays, est presque toujours en parfait désaccord avec la raison et le bon sens. Tout Français, à Paris comme dans les provinces, est essentiellement frondeur ou courtisan. N'a-t-on pas vu dans ces dernières années, les législateurs de l'Empire consacrer les plus respectables bêtises, ainsi que le dit Balzac de certains hommes de la Révolution de Juillet, par des lois d'enthousiasme faites sous la pression d'un pouvoir autoritaire, afin d'éteindre vite, par l'application brutale d'un décret de circonstance, les feux de l'intelligence dèsqu'ils apparaissaient au milieu des nullités et des présomptueuses vanités de notre société corrompue et en décadence ?...

Le champ des prétentions est immense. Et, sur le turf du steeple-chase politique, les casaques aux couleurs multiples, bariolées, changeantes, sont nombreuses.—Blanches, bleues, vertes, rouges, tricolores, unies, séparées, avec les nuances les plus variées, les plus étranges, elles foisonnent. On dirait un véritable arc-en-ciel.

Et le turf s'étend aujourd'hui des Pyrénées aux Alpes,

de la Méditerranée à l'Océan. Dans ces flots tourbillonnants d'opinions diverses plus terribles que les vagues d'une mer en furie, le seul, le vrai mobile : c'est l'intérêt personnel, l'égoïsme toujours doublé d'orgueil.

Versailles vote et décrète quelques bonnes lois... Qu'importe !... Si elles ne satisfont point l'intérêt particulier de la coterie, si par malheur elles froissent la vanité ou l'amour-propre de quelque prétentieuse personnalité, ces lois sont détestables. — Après de lents et rudes labeurs consacrés à l'examen, à l'étude et à la discussion de l'embarrassant et redoutable arsenal des lois fiscales et pénales, l'Assemblée de la rue des Réservoirs accouche-t-elle d'un projet de loi obscur, vieillot, rétrograde, peut-être intempestif s'il n'est même nuisible ?... Si ce projet de loi flatte les passions de quelque cabale puissante, on voit soudain surgir, parfois étincelante de millions, une tourbe de thuriféraires qui viennent publiquement et avec ostentation brûler tout leur encens.

Et l'intérêt général ?... Et les droits de la société ?... Et les douleurs de la Patrie ?... Et la France ?... Qu'importe !... Honneur, patriotisme, vertus civiques : vains mots, bons tout au plus à figurer dans la profession de foi d'un saltimbanque politique, d'un condottieri de l'industrie moderne ou d'un gros cormoran éclos dans les eaux bourbeuses de l'agiotage, qui posent hardiment leur candidature à la députation ou au conseil général.

Ce qui agite en ce moment les provinces, ce qui passionne les localités les plus vastes et les bourgades les plus infimes, ce n'est point le désir, bien légitime cependant, d'obtenir sans retard l'évacuation des départements qui sont encore la proie des hordes prussiennes, ce n'est point l'idée de la délivrance de Metz et de Strasbourg, ce n'est point la pensée incessante de la revanche à prendre, NON ! Nous sommes trop français pour cela ... Ce qui préoccupe surtout les esprits à cette heure, ce sont les intrigues sourdes des futurs candidats au Conseil général. N'y a-t-il pas partout des incapables, des ambitieux, des âmes vaniteuses avides d'honneurs?... Et puis n'a-t-on pas dit et écrit que désormais les Conseils généraux seraient de petites Chambres de députés disséminées sur tous les points de la France, gouvernant le pays en sous-ordre et faisant contre-poids à l'Assemblée nationale? ... Le préfet n'est plus le président de la commission départementale. Ce *Deus ex machinâ* du pouvoir autoritaire est tombé de son piédestal. De la salle du chef-lieu du département à la salle de la rue des Réservoirs de Versailles il peut y avoir une grande distance linéaire; mais pour l'homme d'Etat de province l'épaisseur paraît si mince !

La campagne électorale n'est pas encore légalement ouverte; et déjà, pareils aux taupes noires qui ravagent au printemps les prairies, ruinant ainsi les espérances de l'Eté, les séides de tous les partis ont commencé leurs travaux souterrains. Ils préparent le sol, ils étudient leur échiquier, sondent le terrain, rangent sournoisement leurs pièces d'attaque et de défense, aiguisent dans l'ombre les armes de la médisance et de la calomnie, jaugent les consciences, supputent les mauvaises passions, les natures perverses et s'apprêtent non à une lutte franche, loyale, mais à une guerre de ruse, machiavélique, une vraie guerre de sauvage. Tous les moyens pour arriver sont bons et tous seront mis en œuvre. On ne reculera devant aucun parjure, devant aucune infamie, devant aucune tradison. Brûlant aujourd'hui les idoles de la veille, on posera un masque d'hypocrisie à la Religion pour la faire sourire à la Politique. Certains candidats nés du hasard, ayant violé la Fortune et donné plus d'une entorse à l'honneur, à la morale et à la probité, ont à tout jamais baillonné leur conscience.

Il est curieux et surtout instructif pour un esprit philosophe de suivre la marche ténébreuse de ces compétitions de village. — Que d'activité, que de patience, que de calculs, que d'astuce, que d'intrigues ourdies et déployées pour déjouer les plans d'un adversaire. C'est à faire pâlir la science des plus grands capitaines. — Ah! si l'on avait mis la moitié seulement de toutes ces forces, de toutes ces volontés au service de la Patrie pendant les mois d'août, septembre, octobre, novembre et décembre 1870, jamais, non jamais la fourberie diplomatique de Bismarck, aidée par l'entêtement du vieux Guillaume et la stratégie savante du bourru de Moltke, ne serait parvenue à nous ravir l'Alsace et la Lorraine, les deux provinces les plus françaises de la France.

III

Mazères. — La politique en Province.

Mazères est une des plus jolies et des plus riches communes du canton de Saverdun. Située aux confins de l'Ariège, elle limite d'une part la Haute-Garonne et borde de l'autre côté le département de l'Aude. Cette gracieuse petite ville, où s'agite une population d'environ quatre mille âmes, est parfaitement saine, bien aérée, entourée de vastes boulevards extérieurs et ornée de belles promenades assez mal entretenues. Coquettement posée sur une hauteur boisée où s'élevait jadis l'un des châteaux les plus puissants du comte de Foix, formidable nid d'aigle qui commandait toute la contrée, elle est la sentinelle perdue du département de l'Ariège, ce pays de montagnes qui produit des hommes et du fer. — A ses pieds roulent, à travers des méandres sans fin plantés de sveltes peupliers d'Italie, de saules au tronc tordu, à l'écorce rugeuse et aux longues branches chargées de feuilles argentées, les ondes capricieuses du Lhers. Ce terrible courant d'eau que la fonte des neiges transforme trop souvent en torrent dévastateur, prend sa source près de Fontestorbes dans une des gorges des rocs Pyrénéens, et va, après un long parcours, se mêler, à la hauteur de Cintegabelle, aux eaux froides et toujours limpides de l'Ariège, l'un des plus forts affluents de la Garonne, fleuve majestueux qui s'engloutit au Bec d'Ambez dans les flots de l'Océan.

Mazères n'est ni une ville de commerce, ni une ville d'industrie; et, privilége inouï, elle a le bonheur de ne pas connaître la bureaucratie, lèpre hideuse engendrée par la centralisation. Cette localité tire toute sa richesse des produits du sol. — Là, fleurit l'agriculture ; — là, fleurissent aussi quelques petits Turcaret de village mêlés à quelque soi-disant gentillâtre campagnard, d'origine essentiellement roturière malgré les additions et transformations opérées dans l'orthographe primitive du nom patronymique. Cela forme au milieu de la population si active, si laborieuse et surtout si ardente, une minorité infinitésimale vaine, rusée, ignare, mais ambitieuse et avare à rendre points à Harpagon lui-même.

Du reste ce type malfaisant et grotesque d'ambitieux, inconnu à La Bruyère, est malheureusement assez commun et même plus accentué dans les provinces des environs de Paris. On pouvait, ces jours derniers, en voir un échantillon parfaitement réussi dans la personne de l'un des hommes qui posent leur candidature au Conseil général de Seine-et-Oise pour le canton de Montmorency. Il était en tournée électorale du côté de Taverny, d'Ermont et de Franconville. Ce caméléon politique, girouette qui tourne à tous les vents, a la maladie du cumul. Il croit que les fonctions publiques font les hommes; et lui, qui par lui-même n'est rien, veut à tout prix être quelque chose, même au détriment des intérèts généraux. D'un député sans valeur, ni principes, que pourrait-il sortir, si ce n'est une nullité embarrassante pour le conseil général, puisque la loi nouvelle exclut de la Commission départementale, les DÉ-PU-TÉS?...

C'est, en traversant les magnifiques plaines engerbées qui s'étendent de Mazères à Pamiers, de Saverdun à Montaut et de Belpech à Mirepoix, ou en gravissant les superbes coteaux couverts de vignes, de champs de blé, de pommes de terre et de maïs, dont les pieds baignent dans le Lhers et dont les crètes jalonnent les trois bourgs de

Gibel, Cagnac et Marquin, — que le touriste peut apprécier la justesse de la parole du grand Sully au roi gascon Henri IV : « L'agriculture est la féconde mamelle de la France. »

Donc, on pourrait croire qu'à cette heure, Mazères confiante dans le présent, fière de son passé, espérant dans l'avenir, opère tranquillement la rentrée de ses récoltes, garnit ses granges de blé, de paille, de foin, bonde ses celliers de fruits et prépare avec joie ses cuves en chantant les joyeux refrains de Jean Huron , *nenni !...* Mazères n'a point échappé à la contagion ; Mazères a son conciliabule politique. — Là, comme partout ailleurs, on chuchote, on invente, on médit un peu, on calomnie beaucoup tout en discutant les futurs candidats au conseil général de l'Ariège ; car le vote de Mazères pèse lourd dans la balance, alors surtout qu'il ne s'agit que de l'élection du conseiller général pour le canton de Saverdun. Si le vote de Mazères était sérieux, désintéressé, raisonné, il serait compacte, unanime et l'élection ne saurait être douteuse ; mais il y a, sur ce petit turf de province, beaucoup de compétitions. Les prétendants poussent comme les champignons ; et les plus vénéneux sont toujours les plus nombreux.

La piste a de bien étroites proportions. Cependant de nombreux coureurs entrent dans la lice. Hélas ! les pursang et les chevaux de race sont fort rares. — Des quatre ou cinq candidats qui sont sur le tapis, un seul paraît modeste et digne. Seul il devrait réunir tous les suffrages ; car par ses capacités, par son entente des affaires publiques, par son honorabilité, ses principes inébranlables, son passé politique, ses actes journaliers et ses vertus civiques, il mérite à tous égards de représenter le canton. Connaissant les devoirs des citoyens il saurait en faire respecter les droits. Sa voix pourrait sérieusement défendre les institutions sociales, les lois, les intérêts de la France et du département ; et, au sein d'une forte discussion, sa parole

soutiendrait, avec cette énergie inflexible que donnent la
conscience du devoir accompli et la connaissance des hommes et des choses, la cause sacrée de la patrie. D'une main
ferme et assurée il lèverait et tiendrait haut en face des révolutions le drapeau de la civilisation et de la liberté. C'est
un enfant du pays, c'est le fils de ses œuvres. Il a beaucoup
travaillé. Mùri par l'étude, il est armé pour la lutte. Sa conscience d'honnête homme répond de sa fidélité à ses principes que du reste il n'a jamais cachés. Si l'intrigue et la
passion ne soufflaient point, ce serait là le candidat désigné
d'avance à tous les électeurs. Ce choix, en récompensant
une vie de labeurs et un noble caractère, honorerait le
collége électoral. Mais non... Car il faut compter avec les
nullités enrichies, avec les parvenus orgueilleux, avec les
prétentieux incapables, avec les méchants obscurs mais
intrigants, avec ces gens qui par hasard ou par audace se
trouvent à la tête de quelques centaines de mille francs. Ne
sont-ce point là des titres suffisants, supérieurs même dans
notre siècle de scepticisme et d'égoïsme ?... Rabourdin a
le mérite, l'honnêteté et les capacités, c'est l'idiot Baudoyer qui est nommé.

Et voilà l'intrigue qui s'ourdit, qui commence. Le mât
de cocagne est dressé. Au plus tartufe la timbale d'argent... Des principes, il n'en ont point; des connaissances
spéciales, des convictions, des vues arrêtées sur l'économie
politique et sociale, comment en auraient-ils ?... Ils savent à peine lire la profession de foi qu'ils ont fait fabriquer, écus sonnants, par quelque secrétaire de circonstance, ou par quelque écrivain déclassé, quinteux et gueux.
Nous peignons d'après nature. Il ne faut point croire que
les couleurs sont forcées. Après avoir crayonné avec la
plus scrupuleuse sincérité, ne livrant rien à la fantaisie ni
à la passion, les silhouettes de ces petits personnages
politiques, nous n'avons mis sur notre palette que des
tons vrais, francs, mais sans artifice et sans déguisement.
Hélas ! le tableau que nous avons eu sous les yeux le jeudi

24 août 1871 à Mazères, est à peu de choses près le même que, dans nos dernières excursions, nous avons vu se dérouler au sein des Pyrénées à Ax, Tarbes, Ussat, Foix, Pau, Bagnères, — dans les riches vignobles de la Provence et du Bas-Languedoc à Nîmes, Béziers, Carcassonne, Aix, Narbonne, Perpignan, — au milieu des plaines sans fin qu'arrose la Garonne à Toulouse, Muret, Montauban, Moissac, Agen, — et sur les bords de la Méditerranée et de l'Océan à Cette, Marseille, Agde, Port-Vendres , Bayonne, Bordeaux, Larochelle !... Partout nous avons trouvé le niveau moral bien baissé. Ah ! certes, il y a encore de vaillantes natures, des cœurs droits, des âmes généreuses et désintéressées dans notre beau pays de France. Oui, c'est là notre orgueil et notre espoir. Mais ne nous le dissimulons pas, un grand travail de désorganisation s'est fait dans notre pays. Le volcan est en ébullition. Quelle digue sera assez puissante pour arrêter et contenir dans son éruption la lave dévorante, corrosive, qui s'échappe à flots pressés, brûle et dessèche tout, entassant sur son passage ruines sur ruines ?

Et, parce que notre âme est brisée par ce spectacle, parce que notre cœur est rempli de dégoût et de douleur, faudrait-il, pareil à l'autruche qui, dans le désert, cache sa tête sous les ailes à l'approche du chasseur, faudrait-il détourner nos yeux de cette plaie sociale ?... Non. — Il est du devoir de tout bon citoyen de regarder le mal en face, de l'étudier sans passion dans ses causes et dans ses effets, de l'attaquer de front et de le faire connaître; car un mal connu est un mal vaincu.

IV

Souvenirs. — Idylle.

Cependant la nuit était tombée; non pas subitement comme dans les régions torrides de l'Afrique et de l'Asie. Ce sont, là-bas, dans ces pays de feu, des nuits sans crépuscule, des nuits embrasées, ou plutôt des jours bleus succédant comme en Egypte à des jours jaunes. Par d'heureuses et de douces transitions de lumières, les ténèbres, descendant des pics élevés des montagnes, avaient insensiblement couvert la plaine. Une brise légère rafraîchissait les feuilles des arbres en agitant mollement les hautes cimes des grands ormeaux. — C'était une délicieuse nuit d'août, nuit claire et sereine ; une de ces nuits parfumées qui délassent le corps, charment l'esprit et font battre le cœur. Nuits de rêverie et d'amour qui sont les délices des amants et des poètes !...

Dans l'azur foncé du ciel se découpait très vigoureusement le croissant bien arqué de la lune ; et, sur la terre, les fleurs des champs relevaient lentement leurs calices embaumés que le soleil de midi avait courbés et, pour ainsi dire, couchés sur les touffes d'herbe flétrie et desséchée qui poussait çà et là.

Neuf heures venaient de sonner à l'horloge du massif et lourd clocher de la paroisse, gros amas de briques, de pierres et d'ardoises qui se dresse sans aucun cachet d'architecture, au milieu de la petite ville écrasant de sa pesante structure, et la belle place rectangulaire dont le couvert en tuiles rouges est soutenu par une merveilleuse charpente, véritable œuvre d'art, — et l'église de Saint-Abdon rajeunie, aggrandie, assez pauvrement décorée mais luxueusement badigeonnée.

Je venais de quitter une réunion de gros bonnets de l'endroit énormément grossie par l'appoint fourni par les communes voisines, assemblage de petites gens à vues honnêtes mais étroites, dominés par quelque esprit mesquin, superficiel, bouffi de suffisance, sans candeur et sans délicatesse, — réunion où l'on discutait avec une assez vive animation les chances des divers candidats aux futures élections du conseil général; et, lentement, d'un pas indolent, paresseux je montai la grande rue qui s'amorce sur la route départementale. J'avais hâte de secouer cette lourde atmosphère politico-cléricale de village, atmosphère méphitique qui, mieux et plus sûrement que les exhalaisons putrides des anciens marais Pontins, vous asphyxie après vous avoir donné toutes les nausées. — Je suivais la route poudreuse plantée de maigres accacias-boule et de quelques petits ormes rabougris, qui se déroule en courbes sinueuses et souples comme les replis d'un gigantesque boa, jusqu'aux pieds des Pyrénées, éternelles gardiennes de la frontière espagnole.

La rêverie et le hasard guidèrent mes pas dans un charmant petit sentier de traverse que bordent de longues haies d'ajoncs et d'aubépines. Ce joli sentier, couvert presque dans toutes les saisons de mousse et d'herbes menues, fines et molles au pied comme un tapis de Smyrne, coupe la grande route à deux ou trois cents mètres des premières maisons du faubourg. A cette hauteur s'élève une croix de fer, plantée sur une modeste pyramide de briques recouvertes d'un ciment jaunâtre aux reflets d'ocre, mélange grossier de terre de Sienne et de blanc d'Espagne. A partir de cette intersection le chemin creux serpente, en pentes légères, jusqu'au Ronier, mince filet d'eau dont l'onde toujours claire va, à travers des sinuosités de verdure et de fleurs, répandre dans les prairies de la Couloumière, du Bascou et d'Addon, la fraîcheur et la vie. Puis sans efforts ni secousses, après une éphémère carrière, le petit ruisseau court se jeter dans le Lhers derrière le vert rideau des marronniers séculaires qui masquent le château de la Nougarède.

Je foulais avec bonheur ce sentier embaumé des senteurs de la nuit. Au ciel s'allumaient d'innombrables étoiles dont les scintillements tremblaient confusément dans l'eau si limpide et si transparente du Ronier. Je reconnus ce petit chemin qu'enfant j'avais souvent parcouru alors qu'aux premiers jours du printemps, dès le lever du solèil, la procession des fidèles, débouchant de l'église champêtre, se répandait en anneaux barriolés dans toute la campagne, chantant les belles litanies des saints et implorant avec amour les grâces du ciel pour les fruits de la terre. C'était le chemin des Rogations!... Que de ravissants souvenirs s'éveillèrent dans mon àme!... Les belles années de mon enfance venaient jeunes, souriantes et parées de toutes leurs joyeuses illusions chanter à mon cœur l'hymne si frais, si pur de l'innocence de la vie, des jours de foi, des jours de vrai bonheur.

On était plus croyant alors ; il y avait moins de politiques, moins de sceptiques, moins de libres-penseurs, mais aussi il y avait plus de gens heureux. Si l'on ne savait pas tout à fait lire et écrire à la campagne, si l'on était moins MONSIEUR, en revanche l'on savait cultiver la terre, cette *alma parens* de Virgile, on savait prier Dieu, cette éternelle majesté du vrai, du juste et du beau, cn avait le culte de la famille, cette source pure de toute société civilisée, on savait aimer et servir la patrie, cette auguste image de la divinité sur terre. — Oui, on était moins philosophe, moins incrédule, moins esprit fort, mais on était plus citoyen, plus travailleur, plus moral, plus patriote. Et la France, *elle*, était plus grande, plus prospère, plus florissante, plus respectée... Qui oserait affirmer qu'Aujour-d'hui vaut plus qu'Hier?

Dans sa profonde étude intitulée : « *La Maison de Nucingen,* » étude qui renferme tout un enseignement social, Balzac par la voix de Bixiou, cet homme tout sens et tout esprit, répondant au journaliste Blondet, nous fait connaître la plaie de la France. — « Le grand mot de ce qui se passe, le voulez-vous savoir? s'écrie l'amant de madame de Montcornet. — Et sa parole brève, mordante, incisive scandait la phrase suivante :

« Il n'y a plus de religion dans l'Etat. »

Le mal de 1830 a empiré. — La révolution bourgeoise des *trois glorieuses journées* de Juillet avait apporté, dans les plis de sa robe de clinquant salie par la trahison, le règne de la pièce de cent sous. Aux hommes de foi et de conviction succédèrent les hommes d'argent et de spéculation. L'ère de l'agiotage était inaugurée et avec les jeux de la Bourse, mille fois plus funestes que les loteries, venaient de naître les appétits brutaux, Bertrand, Robert Macaire et les barons de la coulisse. L'honnêteté disparaissait avec les sentiments chevaleresques ; le Veau d'or restait le dieu du jour. — La Révolution de 1848 nous donna les socialistes, les ateliers nationaux et les fatales journées de Juin. — Et, après vingt années d'un despotisme énervant, dissolvant, qui avait pris naissance dans la boue et le sang du 2 Décembre, pour crouler honteusement dans les plaines de Sedan, nous avons eu les hommes, les doctrines et le règne de l'Internationale qui ont abouti à l'assassinat et aux incendies. — Est-ce là le progrès rêvé par nos réformateurs modernes ?... Est-ce là l'avenir de félicité promis aux classes ouvrières par les faux philanthropes ?... Les fanatiques de l'Empire et de la Sociale, car ils sont liés entre eux, ont livré la France désarmée et sans défense au poignard de sa plus implacable ennemie, la Prusse, aggravant nos désastres publics par les horreurs de la guerre civile.

V

Grande assemblée d'insectes. — Le Grillon orateur.

Abîmé dans ces tristes et douloureuses réflexions, mon esprit parcourait le champ immense qu'ont ouvert les derniers événements. Mes pensées, mêlées de noir et de blanc, de mort et de vie, d'espérance et de désespoir, flottaient incertaines, indécises, sans s'attacher à rien ; et, sans conscience de ce qu'il faisait, mon corps suivait au hasard le petit sentier, qui me conduisit insensiblement sur les bords du Ronier. — Je rêvais... et ma folle imagination retraçait le sombre tableau que, quelques mois auparavant, Paris sanglant et en flammes, avait offert à mes regards effrayés, tandis que mes yeux contemplaient les beautés énivrantes de cette belle nature. Je ne sais combien de temps je méditai sur ces deux côtés de la médaille humaine. Tout à coup un bruit inusité, mélange indéfinissable de petits cris, de chants aériens, de murmures indécis, de coassements rauques, de notes stridentes, de bourdonnements et de susurrements, vint frapper mes oreilles et m'arracher à l'espèce d'atonie morale et physique qui s'était emparée de tout mon être. J'arrêtai mes pas ; j'hésitai quelques instants comme un homme qui sort d'un songe pénible. Je portai mon regard investigateur sur toute la plaine, plongeant mon œil jusque dans les moindres plis de terrain ; puis, je le ramenai le long du petit ruisseau, qui roulait mollement ses eaux claires sur son beau lit de blancs cailloux, brillants aux lueurs argentées de la lune, comme des cristaux et des diamants.

Au pied d'un vieux saule, baignant dans le Ronier ses fortes racines noueuses et tordues, je découvris derrière une grosse touffe de gazon qu'abritait une épaisse gerbe de joncs des marais, le spectacle le plus étrange. Il y avait là tout un monde de petits animaux, d'insectes orthoptères, hémiptères, coléoptères, hyménoptères et névroptères, mêlés à quelques batraciens et à plusieurs rampants, qui discouraient, caquetaient, discutaient et disputaient, s'en donnant à cœur joie. La scène, éclairée par les doux rayons de la lune, présentait en relief tous les acteurs, dont les silhouettes, crûment accusées, se dessinaient avec une vigoureuse netteté. Cigales, fourmis, cypris, criquets, vrillettes, vers-luisants, grillons, courtillères, scarabées, conops, coccinelles, lucioles, sirix, hannetons et grenouilles, avaient chacun leur petit cercle. Tout cela s'agitait, se trémoussait et produisait un de ces bruits confus, indescriptibles, dont le mode de production n'est pas encore bien connu des entomologistes, et qui n'ont de nom dans aucune langue. J'observais, avec étonnement, ce conciliabule si remuant, si animé, lorsque je vis se détacher d'un groupe qui me paraissait le moins tapageur, un magnifique grillon, l'honneur de l'ordre des orthoptères. Il s'avança, avec une lenteur pleine d'une certaine majesté, vers le milieu de l'espace, resté complètement libre. Là se trouvait une pierre blanche et polie comme une boule d'ivoire. Maître Grillon sauta avec prestesse sur cette tribune improvisée ; et, sans ostentation ni embarras, s'y installa, ma foi, fort commodément. On aurait dit l'un des plus importants des honorables de Versailles. A trois reprises, le gentil orthoptère fit entendre son cri-cri aigu, strident, mais sonore, et un silence profond se fit, comme par enchantement, au milieu de tous ces ordres d'insectes, naguère si tumultueux. Il y a, du reste, longtemps qu'on a remarqué que l'homme, dans tout le règne animal, est l'être le plus brouillon et le moins policé. On entendit, un instant, le léger clapotement de l'eau. C'était une grenouille qui secouait, entre deux vertes feuilles de cresson, sa tête éveillée, qu'elle venait d'immerger dans le petit ruisseau pour la rafraîchir.

Ma curiosité était portée au plus haut degré.

.   .   .   .

« Lafontaine, notre ami, nous donna la parole, et M. de Buffon décrivit, en manchettes de dentelles, notre organisation physique et sociale. D'autres savants, voulant déterminer nos fonctions, les ont divisées en trois grandes classes : fonctions de nutrition, fonctions de reproduction et fonctions de relation. Donc, tout comme l'homme, nous avons le droit et le devoir, dans l'intérêt de notre bien-être, de notre conservation et de notre liberté, de faire, de discuter et de voter les lois de notre république. Du reste, vous le savez, les hommes si fiers, si présomptueux, si superbes, ne sont que des atomes sur ce globe, qui n'est lui-même qu'un atome en face de Dieu, notre créateur et notre maître à tous. »

Un murmure flatteur accueillit l'exorde de l'orateur. Il s'opéra même un mouvement fortement accentué parmi la tribu des lampyres, qui éclaira d'une vive lueur le coin obscur dans lequel ces coléoptères se tenaient blottis.

« Nous avons aujourd'hui, continua le grillon, le gouvernement tant souhaité, le gouvernement de tous, par tous et pour tous. Conservons-le sans nous préoccuper de sa forme et de son nom, puisque seul il peut nous unir et donner au pays le calme, l'ordre et le bonheur. Faisons donc, sans arrière pensée, nous qui ne sommes pas des hommes, le sacrifice de nos préférences, de nos rêves, pour créer la prospérité publique, relever le prestige de notre puissance et reconquérir la place que nous devons occuper dans le règne animal. Soyons patriotes avant d'être partisans. Un moucheron fait rendre à merci un lion !... N'allons pas surtout, pour obéir à de mesquines rancunes personnelles, planter notre tente sur les bords d'un autre ruisseau. Ici est notre place; notre honneur et l'intérêt général exigent que nous ne désertions pas ce poste. Je ne veux point parler de notre intérêt personnel. Vous savez qu'ici, mieux que partout ailleurs, nous sommes à l'abri d'un coup de main ; ici nous pouvons défier les velléités des coups d'Etat. Laissons aux poltrons, aux traîtres et aux parvenus sans cœur, le souci de chercher quelque trou lointain pour arbriter leur couardise, leur honte, leurs machinations et leurs projets liberticides. »

Quelques légers bruits, assez monotones, se produisirent du côté des insectes de l'ordre des hémiptères. On aurait dit les interruptions intempestives, indigestes et malséantes que, de temps à autre, les frères Lefèvre–Pontalis font à l'assemblée de Versailles, provoquant toujours le dédain ou le rire de leurs collègues.

Le silence se rétablit, et maître Grillon, nullement décontenancé, poursuivit :

« Inutile de perdre notre temps dans des discussions oiseuses et personnelles ou dans des débats irritants qui n'amènent que de funestes et stériles agitations. Nous avons beaucoup souffert des fautes qu'il ne faut attribuer qu'à nous-mêmes. Que le passé nous serve de leçon pour l'avenir... Ne donnons plus notre confiance à la légère, et n'acceptons, que sous bénéfice d'inventaire, les promesses pompeuses, et toujours mensongères, de ces ambitieux obscurs et égoïstes qui ne recherchent les places et le pouvoir que par gloriole et pour faire leurs affaires personnelles. L'honnêteté et la capacité doivent, seules, arriver sous un gouvernement vraiment libéral.

« Craignons surtout ces gouvernements autoritaires qui, en dehors de tout contrôle, veulent régir nos biens et nos personnes pour nous et sans nous. Ils agissent alors contre nous. Ces gouvernements-là, ayant besoin de séides nombreux, sans conscience et sans honneur mais bien payés, ont inventé le cumul. — Ah! le *cumulard*, race rampante et maudite, voilà la plaie du jour... C'est la tâche d'huile qui gagne, gagne sans cesse, enlaçant tout dans son orbe gluant, fétide, pestilentiel. Le cumulard endosse tous les habits ; et, couvrant sous un masque jésuitique ses appétits gloutons et grossiers, l'hypocrite va, sans pudeur ni honte, tendre la main à tous les partis, les flattant tous pour mieux les trahir les uns après les autres. Méfions-nous de ces sortes de caméléons, et aux prochaines élections de nos conseils généraux... »

Une agitation significative, qui se traduisit sous forme de violentes protestations, partit soudain de derrière un gros fêtu de paille pourrie, sous lequel grouillaient quelques anoploures, ces hideux parasites qui naissent, vivent et meurent sur le corps des autres animaux.

« Criez, injuriez, démenez-vous, reprit le grillon d'un accent ferme et plein d'une légitime autorité. Il n'y a que la vérité qui fâche, car seule elle blesse ; mais vous l'entendrez... Les temps du silence complaisant et du laisser tout faire sont passés. A chacun la responsabilité de ses œuvres. Nous voulons, il nous faut des mandataires à principes et à convictions sincères et inébranlables, et non des tartufes se voilant d'hypocrisie et de mensonge. Ces incapables, rebuts de tous les partis, forment en temps de convulsions sociales, l'appoint des révolutionnaires ; car ils ne reculent devant rien pour assouvir leur ambition. Arrivés par hasard, par intrigue, ou par tout autre moyen à la Chambre de nos députés, où ils font, du reste, fort mauvaise mine, ils veulent encore siéger dans les conseils plus modestes, mais non moins utiles, de nos départements. Que leur importent les incompatibilités, ne sont-ce pas des cumulards ?... Ecartons sans pitié ces frelons turbulents, ces hémiptères insatiables, ces anoploures parasites et rongeurs. Nous avons besoin, pour reconquérir notre influence et notre grandeur à l'extérieur, et pour rétablir l'ordre et la prospérité à l'intérieur, de nous régénérer moralement et de nous réorganiser matériellement. A l'œuvre donc et rachetons nos fautes par notre union, par notre sagesse, par notre courage et par une vertu égale à nos malheurs. »

. . . .

. . . .

Les dernières paroles du grillon avaient soulevé un concert d'applaudissements enthousiastes auxquels vinrent cependant se mêler, craintives et honteuses il est vrai, quelques notes aigres et discordantes. C'étaient les rumeurs acariâtres et intéressées des gros bonnets de l'ordre des hémiptères et de la tribu des anoploures qui se glissaient, en maugréant, les uns sous les détritus pourris, les autres dans leurs trous infects.

Le grillon acclamé et fêté par les belles et vaillantes légions des scarabées, des lampyres et des coccinelles, ces mignonnes créatures si jolies et si séduisantes qui portent nom *Bêtes à bon Dieu*, se retira lentement et avec dignité en jetant un regard de souverain mépris sur la vermine qui, humble et lâche, grouillait dans les recoins les plus obscurs.

Un gros nuage noir, qui courait dans le ciel, vint couvrir la lune de ses ténèbres ; et la grosse touffe de gazon, naguère si vivante, si animée, privée de lumière, resta complétement déserte. Tout était rentré dans le calme et dans le silence.

Quand sonna la douzième heure de la nuit, j'étais encore sur les bords du Ronier, toujours sous le charme du spectacle si grand et si harmonieux de la nature. Spectacle majestueux, qui, selon la juste et poétique appréciation du savant Milne Edwards, tout en nous faisant voir combien le beau réél de la Création est au-dessus du beau idéal des inventions humaines, élève l'ame et ramène sans cesse l'esprit à de hautes et salutaires pensées.

VI

Le 31 août à Versailles. — Colloque de députés.

J'avais quitté le Midi de la France, et je me trouvais à
Versailles le 31 août 1871. — J'assistai à la grande séance
dans laquelle l'Assemblée nationale se déclara constituante,
et proclama M. Thiers président de la République française.

Mémorable séance dans laquelle, ainsi que *Thomas
Grimm* le relate dans le *Petit Journal*, avec autant d'esprit
que de vérité, « M. Lefèvre-Pontalis, considérant la France
comme un malade incurable, vint se perdre dans une suite
de comparaisons pharmaceutiques et médicales, qui ne
s'arrêtèrent, que devant le flux d'hilarité qui s'éleva de
tous les bancs. »

Le but principal de l'honorable député était, parait-il,
ajoute Thomas Grimm, de faire sortir M. Thiers de son silence obstiné, mais plein de dignité.

L'éminent homme d'Etat resta impassible. M. Lefèvre-
Pontalis dépité, se montra plus agressif et s'attira jus-
tement les murmures de l'Assemblée.....

L'imprudent orateur venait de succomber sous les :
« Assez ! Assez ! » de presque tous ses collègues, lorsque
M. Ernest Picard, avec son sourire si fin et si caustique,
lui lança le dernier trait en lui disant du haut de la tribune :

« J'admire la liberté d'esprit avec la quelle notre ho-
» norable collègue a touché aux difficultés qui nous occu-
» pent. — J'ai peur qu'il ne comprenne pas la situation
» dans laquelle nous sommes..... »

Et quelques heures après, l'Assemblée nationale, malgré les frais d'éloquence de l'honorable Lefevre-Pontalis, adoptait par 491 voix sur 585 votants, l'ensemble du projet de loi relatif à l'organisation du pouvoir exécutif.

.   .   .   .

.   .   .   .

Je venais, en compagnie de quelques amis, de descendre l'escalier obscur et en boyau qui conduit à la tribune des journalistes, placée au paradis de la salle du théâtre du Palais de Versailles. Je traversais la cour pavée de larges pierres brunes, qui donne accès sur la rue des Réservoirs, lorsque le cri-cri perçant d'un grillon vint m'arracher de ma rêverie.

Etait-ce le même orthoptère que, quelques jours aupa-ravant, j'avais entendu si bien pérorer dans les environs de Mazères sur les bords riants du Ronier ?

Je cherchais...

— « Des hannetons ! ce sont de vrais hannetons !... di-sait la voix sévère d'un des chefs de la majorité, en ré-pondant à un des députés les plus influents et les mieux posés de la droite.

Curieux par tempérament et par profession, je tendis l'oreille.

— » Les Lefèvre-Pontalis des hommes politiques !... mais vous n'y pensez pas mon cher, continua de sa voix claire et incisive Monsieur ***.

— » Ils se donnent cependant tant de mal et tant d'im-portance, que je croyais...

— » Ecoutez, interrompit l'honorable Monsieur X. — L'ainé, l'Antonin joue au républicain. Il peut être orléaniste déguisé, mais à coup sûr bien obscur. — Le jeune, l'Amédée se targue de légitimisme. Il est compromettant et bien inintelligent... Les deux frères ne sont rien du tout... »

Le grillon de la cour du château de Versailles, cet hôte guilleret de nos foyers domestiques, déployait et réchauffait alors ses deux jolies petites ailes aux derniers rayons du soleil couchant. Le philosophe ! il poussait gaiment son éternel et strident cri-cri.

VII

Dernière heure. — Cri d'alarme.

« Garde à vous!... Electeurs, prenez garde à vous!...»

Un vieux grillon poussait, hier matin, ce cri d'éveil dans les campagnes si belles et si fertiles qui forment le canton de Montmorency.

Pourquoi ?...

Il venait , le loyal orthoptère, de découvrir une manœuvre électorale des plus machiavéliques ; et soudain il sonnait l'alarme.

Alors qu'aux plus beaux jours de l'Empire florissait, dans toute sa splendeur, la candidature officielle, aucun préfet n'aurait osé pratiquer et mettre en œuvre un pareil *truc* et se servir de pareilles armes.

Oui, l'honorable député Lefèvre-Pontalis pose sa candidature dans le canton de Montmorency pour être élu membre du conseil général de Seine-et-Oise ; et, monsieur le préfet de Versailles nomme Lefèvre-Pontalis président de la commission cantonnale, qui doit connaître, dans ce même canton, des demandes en indemnité faites par les habitants pour les préjudices causés pendant la guerre et l'occupation prussienne.

Le grillon, à tort ou à raison, prétend :

Que le candidat déteindra sur le juge ;

Que le juge se souviendra trop du candidat ;

Que les droits et intérêts des victimes de la guerre courent de grands risques ; car la chair est faible, et l'homme n'est pas parfait ;

Qu'enfin les juges se récusent eux-mêmes alors qu'ils sont parties au procès.

. . . .

Sous un gouvernement républicain, c'est-à-dire honnête, rappelons-nous :

« Que la femme de César ne doit pas même être soupçonnée. »

De la pudeur !... que diable, de la pudeur !!...

T. SAINT-FÉLIX.
AVOCAT.

Saint-Leu, ce 12 septembr 1871.

TABLE DES MATIÈRES